NOTICE

A L'USAGE DES TRAVAILLEURS

QUI VEULENT S'ÉTABLIR

DANS LA COLONIE

DE LA GUYANE FRANÇAISE.

CAYENNE

Imprimerie du Gouvernement

1885

NOTICE

A L'USAGE DES TRAVAILLEURS

QUI VEULENT S'ÉTABLIR

DANS LA COLONIE

DE LA GUYANE FRANÇAISE.

NOTICE

A l'usage des travailleurs qui veulent s'établir dans la colonie de la Guyane française.

RENSEIGNEMENTS GÉOGRAPHIQUES ET CLIMATOLOGIQUES.

La Guyane française, dans ses limites actuelles, est comprise entre les 54° et 57° de longitude ouest de Paris et les 3° et 6° de latitude nord. Elle est bornée : au N.-E., par l'océan Atlantique ; au N.-O. et à l'O., par le fleuve Maroni, qui la sépare de la Guyane hollandaise, et par les pays intérieurs encore peu connus, situés au-delà du Rio-Branco (affluent gauche des Amazones) ; au S., par le fleuve Oyapock, sauf décision ultérieure relativement au territoire contesté qui s'étend de cette artère aux Amazones.

De l'Oyapock au Maroni et du littoral aux Tumuc-Humac, l'étendue de la Guyane est d'environ 6 millions d'hectares.

Le territoire de la colonie se divise en deux régions distinctes : la région des terres basses et celle des terres hautes.

La première occupe tout le littoral et s'étend jusqu'à 30 ou 40 kilomètres dans l'intérieur, à la hauteur des premiers sauts des rivières.

Généralement formées par les alluvions des nombreuses rivières que sillonnent le pays, les terres basses sont d'une fertilité étonnante et produisent, pendant de longues années, des moissons abondantes, sans repos, sans changement de culture et sans engrais.

De l'Oyapock au Mahury, la région des terres basses est couverte de palétuviers ; de ce dernier point au Maroni, elle est entrecoupée de savanes sèches ou noyées et de palétuviers.

Au-delà des premiers sauts, le sol se relève ; des chaînes de montagnes se succèdent les unes aux autres et vont se raccorder au système central des Tumuc-Humac. L'altitude de ces ramifications varie de 200 à 600 mètres. C'est dans cette zone que que se trouve le bassin minier.

La Guyane française est sillonnée par une quantité innombrable de cours d'eau qui se déversent dans 22 fleuves dont les principaux sont : le Maroni, la Mana, le Sinnamary, le Kourou, la rivière de Cayenne, le Mahury, l'Approuague, l'Ouanary et l'Oyapock.

Le chef-lieu de la colonie est Cayenne, ville maritime dont la population s'élève à 10,000 habitants.

Les relations de la colonie avec l'extérieur sont assurées au moyen d'un service de bateaux à vapeur français, confié à la Compagnie générale transatlantique.

Une fois par mois, en coïncidence avec le passage à Saint-Thomas des grands paquebots venant de France ou de Colon (Aspinwal), un vapeur de la Compagnie dessert Cayenne.

Ce vapeur quitte Saint-Thomas le 6 de chaque mois et arrive à Cayenne le 15 au matin, après avoir fait escale à la Gua deloupe, Martinique, Sainte-Lucie, Demerara et Surinam.

La Guyane, bien que située près de l'équateur, jouit d'un climat qui ne diffère presque pas, au point de vue de la température surtout, de celui des pays baignés par la mer des Antilles.

L'année se divise en deux saisons sèches et deux saisons pluvieuses.

La première saison sèche, appelée *été de mars*, est en mars et avril; la seconde, d'août en novembre. Les deux saisons pluvieuses sont en mai, juin, juillet et du milieu de novembre à la fin de février.

Voici le résultat des observations météorologiques faites à Cayenne pendant le cours d'une année.

TRIMESTRES.	THERMOMÈTRE.	HUMIDITÉ en centièmes.	PLUIE TOMBÉE.
1er	+ 25°8	85	1ᵐ502
2.	+ 26°0	84	0ᵐ988
3.	+ 27°1	77	0ᵐ048
4.	+ 26°7	80	0ᵐ476
TOTAL.....	105°6	323	3ᵐ014
Moyenne pour l'année	+ 26°4	80.7	3ᵐ014

Il résulte de ces données que la température moyenne en ville de Cayenne n'est pas plus élevée que celle de la plupart des villes du golfe de Mexique, comme le témoigne le tableau suivant qui nous donne la moyenne thermométrique pour la ville de la Pointe-à-Pitre (Guadeloupe), située par 16° 14' 22" de latitude nord.

TRIMESTRES.	THERMOMÈTRE.	PLUIE TOMBÉE.
1er	+ 24°7	0m246
2e	+ 26° 4	0m279
3e	+ 27° 2	0m601
4e	+ 26°2	0m431
TOTAL.......	104°5	1m 557
Moyenne annuelle..	+ 26° 2	1m 557

L'humidité annuelle moyenne pour la ville de la Pointe-à-Pitre est d'environ 73 centièmes.

Ainsi donc, au point de vue de la température, la différence entre la Guyane et les régions intertropicales plus éloignées de l'équateur est insensible: 2 dixièmes de degré. Quant à l'humidité et à la quantité de pluie tombée, elles sont plus considérables dans notre colonie que dans les contrées du golfe de Mexique. C'est là un avantage précieux pour le développement des cultures.

Les vents varient du N.-E. au S.-E., suivant la saison. Il n'y a jamais d'ouragans.

Les tremblements de terre sont excessivement rares et très-faibles.

PRIME OFFERTE AUX IMMIGRANTS LIBRES D'ENGAGEMENT ANTÉRIEUR.

L'Administration de la Guyane française fait savoir que tout travailleur libre, nouvellement arrivé dans la colonie, aura droit, après une année de travail chez autrui, à une prime de *cent francs.*

A cet effet, il devra se présenter à la Direction de l'Intérieur au moment de la passation de son contrat de louage pour faire viser ledit contrat, ainsi que tous autres contrats successifs qu'il pourrait passer dans le cours de l'année.

Il sera accordé, dans les mêmes conditions, une prime de *deux cents francs* à toute famille composée de l'homme, de la femme et des enfants non-adultes.

Tout membre adulte d'une famille sera considéré comme un travailleur seul et aura droit à la prime de *cent francs*.

Le montant de la prime sera payé par les soins de l'administration locale.

Toutefois, la personne avec laquelle le travailleur passera un contrat de louage pourra faire à ce dernier l'avance de la prime, moyennant remboursement par l'Administration lorsque les conditions indiquées plus haut auront été remplies.

Le contrat à passer entre le travailleur et l'habitant sera établi dans la forme du contrat civil régi par l'article 1780 et le titre III des contrats ou des obligations conventionnelles en général (articles 1101 à 1369 du code civil français). Ce contrat sera enregistré sur une matricule tenue à la mairie.

PRIX DE LA JOURNÉE DE TRAVAIL POUR LES DIVERSES INDUSTRIES.

1° Pour les placers d'or.

Homme : de 3 à 4 francs ;

Femme : de 1 fr. 20 cent. à 1 fr. 50 cent.

Le travailleur de l'un et l'autre sexe a droit, en outre, à la nourriture, au logement et aux soins médicaux.

La nourriture est ainsi composée :

1° Pain, par jour	750 grammes.
ou riz, *idem*	700
ou biscuits, *idem*	500
ou couac (farine de manioc), *idem*	750
ou farine de froment, *idem*	500
ou farine de maïs, *idem*	700
2° Bacaliau (hake), *idem*	
ou poisson salé, *idem*	250
ou lard ou bœuf salé, *idem*	
3° Sel, *idem*	10
Saindoux, *idem*	20
4° Légumes secs, par semaine	1 litre.
Tafia, par jour	12 centilitres.
Tabac, *idem*	10 grammes.

Pour la femme, même nourriture, moins le tafia.

Il y a sur les placers des magasins qui peuvent faire des cessions de denrées diverses aux travailleurs.

Sur la plupart des placers, chacun peut disposer d'une certaine quantité de terre pour y planter ce qu'il juge convenable.

Le bois à brûler est à discrétion.

Voici la nomenclature des travaux qui s'exécutent sur les placers :

A. — *Charroi des vivres.*

Les vivres et les outils destinés aux placers sont apportés dans les magasins de dépôts, situés sur le bord des rivières, au moyen d'embarcations montées par des pagayeurs ou remorquées par des chaloupes à vapeur.

De ces magasins aux chantiers d'exploitation de l'or, le charroi s'opère généralement à dos d'hommes.

La charge d'un charroyeur est de 25 kilogrammes, et la distance à parcourir varie de 8 à 11 kilomètres, selon les difficultés du terrain.

B. — *Travail sur les chantiers.*

Le travail sur les chantiers d'exploitation comporte :

1° Le nettoyage de la surface du sol par l'abattage et le tronçonnage des bois ;

2° *Le déblai.* — La tâche de déblayage représente généralement un carré ayant deux mètres de côté sur un mètre de profondeur. La tâche de déblayage représente donc un cube de quatre mètres ;

3° *L'attaque des couches aurifères.* — Lorsque le déblayage est terminé, on place les instruments de lavage des terres aurifères, et l'on attaque à la pioche la couche de graviers jusqu'à l'argile ; au fur et à mesure, on ramasse à la pelle les terres attaquées et on charge les instruments.

A trois heures de l'après-midi, le travail est arrêté et le mineur peut alors prendre une tâche de déblai pour doubler sa journée.

Les placers emploient des femmes sur les chantiers pour déblayer à la main ou à la houe l'argile aurifère et pour enlever les pierres qui engorgent les instruments de lavage.

4° *Travaux de sciage.* — Les placers emploient également des scieurs de long et des charpentiers.

La tâche d'abattage pour deux scieurs est fixée à un gros arbre ou à deux moyens.

Le tronçonnage doit être de quatre à six morceaux, également pour deux hommes.

La tâche d'équarrissage est fixée à une pièce de quatre mètres de long. Elle doit être équarrie sur les quatre faces.

Deux scieurs de long doivent fournir, par jour, quatre planches mesurant chacune quatre mètres de long, sur 0^{m}44 de largeur à une extrémité et 0^{m}36 à l'autre. (Planches de fond pour sluice.)

Ou bien, cinq planches de quatre mètres de long sur 0^{m}33 de large. (Planches de côté.)

Les scieurs de long travaillent aussi à raison de 2 francs par planche de côté et de 2 fr. 50 cent. par planche de fond.

Pour permettre aux personnes qui voudraient venir s'établir à la Guyane de se rendre compte des avantages pécuniaires qu'elles pourront retirer de leur travail, il est donné ci-dessous un modèle de décompte des journées fournies par des travailleurs de placers dans chacune des catégories des travaux susindiqués.

1° Décompte des journées fournies par un charroyeur.

Ce charroyeur arrive à son poste de travail dans la seconde quinzaine du mois d'août 1884.

Il fournit, en fin août, 9 journées ou tâches à 4 francs					36' 00
»	»	septembre, 32 1/2	»	»	130 00
»	»	octobre, 33	»	»	132 00
»	»	novembre, 39 1/2	»	»	158 00
»	»	décembre, 26 1/2	»	»	106 00
»	»	janvier, 28 1/4	»	»	113 00
		Total			675 00

Ce travailleur étant arrivé à l'expiration de son contrat, demande son règlement et descend à Cayenne avec un bon de *six cent soixante-quinze francs* sur l'administrateur du placer.

Ce bon représente la valeur de 5 mois 1/2 de travail.

2.₀ Décompte des journées fournies par un ouvrier mineur employé au travail des chantiers.

En juillet,	17 journées ou tâches à 4 francs..			68ᶠ 00
» août,	35	»	»	140 00
» septembre,	39	»	»	156 00
» octobre,	40	»	»	160 00
» novembre,	31	»	»	124 00
» décembre,	33	»	»	132 00
» janvier,	32	»	»	128 00
		Total............		908 00

Cet ouvrier descend à Cayenne avec un bon de *neuf cent huit francs.*

3· Décompte des journées fournies par une femme sur un établissement aurifère.

En août,	25 journées ou tâches à 1ᶠ50ᶜ.....			37ᶠ 50
» septembre,	26	»	»	39 00
» octobre,	27	»	»	40 50
» novembre,	21	»	»	31 50
» décembre,	26	»	»	39 00
» janvier,	13	»	»	19 50
		Total........		207 00

Cette manœuvrière descend à Cayenne avec un bon de *deux cent sept francs.*

4.₀ Décompte des journées fournies par un scieur de long.

En août, 1884,	3 journées ou tâches à 4 fr. 50				13ᶠ 50
» septembre,	77	»	»	»	346 50
» octobre,	81	»	»	»	364 50
» novembre,	70	»	»	»	315 00
» décembre,	72	»	»	»	324 00
» janvier,	44	»	»	»	198 00
		Total..............			1,561 50

Ce scieur de long descend à Cayenne avec un bon sur l'administrateur de *quinze cent soixante-et-un francs cinquante centimes.*

Ces divers décomptes ont été pris au hasard dans les livrets d'ouvriers du placer Dieu-Merci.

Pour tout ce qui n'est pas à la tâche, la durée de la journée de travail, sur les placers, est de sept heures.

Nota. — Ainsi que l'indiquent les renseignements ci-dessus, il est facile au travailleur de fournir deux tâches par jour, et, par conséquent, de doubler ses salaires.

Il est à remarquer aussi que le montant des bons délivrés aux travailleurs, au moment où ils quittent les placers, représente un *gain net, une économie réalisée,* attendu que pendant toute la durée du contrat de louage, lesdits travailleurs ont été logés et nourris aux frais du placer.

Avis. — L'ouvrier qui va travailler sur les placers est tenu de se pourvoir d'un hamac et d'une couverture.

2° Ouvriers d'art à Cayenne.

(Charpentiers, menuisiers, maçons, forgerons, etc., etc.)

Le prix de la journée de travail pour les ouvriers d'art est de 5 à 6 francs, sans nourriture, ni logement, ni soins médicaux.

Les manœuvres sont payés à raison de 2 fr. 50 cent. à 3 francs par jour.

Les ouvriers d'art qui viendraient s'établir à Cayenne trouveraient facilement de l'ouvrage, vu le manque de main-d'œuvre.

Les services publics en emploieraient aussi un certain nombre.

3° Domestiques.

Homme........ } de 20 à 40 francs par mois avec la nour-
Femme........ } riture et le logement.

PRIX DES OBJETS NÉCESSAIRES A LA VIE MATÉRIELLE.

Prix des logements.

Le prix de location d'une chambre non meublée est de 10 à 20 francs par mois.

Prix des denrées.

Viande de boucherie.. de 0ᶠ 80 à 1ᶠ 20 le 1/2 kilogramme.	
Porc frais.................... 0 80	»
Poisson frais (suivant la qualité)............ de 0 30 à 0 60	»

Morue. . . . . 0ᶠ 80 le 1/2 kilogramme.
Bacaliau (hake). . . . . 0 60   »
Lard salé. . . . . . . }
Viande salée. . . . } . . . . 1 50   »
Riz. . . . . do 0ᶠ 30 à 0 40   »
Couac (farine de manioc). . . . . . 0 50   »
Farine de maïs. . . . . 0 40   »
Pain. . . . . 0 40   »
Farine de froment. . . . . 0 40   »
Pommes de terre. . . . . 0 30   »
Oignons. . . . . 0 40   »

On trouve également des bananes, patates, ignames et grand nombre d'autres tubercules qui viennent très-bien sur tout le territoire de la Guyane.

Prix des boissons.

Les boissons que l'on consomme généralement à la Guyane française sont : le vin, le tafia. le vermouth, le genièvre, etc.
Le vin se vend à raison de 0ᶠ 70 le litre.
Le tafia   »   »   1 40   »

CONDITIONS D'ACQUISITION DES TERRES DOMANIALES.

Les terres domaniales se vendent au prix minimum de 25 francs l'hectare.

Tout travailleur qui vient en Guyane peut acheter de la terre dans ces conditions, s'il ne veut travailler pour autrui.

Toute personne qui consentira à fournir, en prestations personnelles, pour confection de routes, canaux, chemins de fer, etc., etc., un nombre de journées de travail à déterminer, pourra recevoir en échange une parcelle de terre dont la surface sera proportionnée à la somme de travail fourni.

Ces terres sont vierges et peuvent, par conséquent, fournir par le défrichement des charbonnières.

L'hectolitre de charbon (le sac) se vend à raison de 3 francs.

Le stère de bois à brûler se vend à raison de 8 à 10 francs.

Les personnes qui ne voudraient pas acheter de la terre pourraient s'entendre avec les propriétaires fonciers des environs de la ville de Cayenne. Ceux-ci, vu le manque de main-d'œuvre, consentiraient aisément à leur affermer des terrains de culture, à d'excellentes conditions.

Certains habitants, possesseurs de grandes propriétés situées à proximité du chef-lieu de la colonie et désservies par des routes carrossables, louent, à l'heure actuelle, des terres à raison de 5 francs par hectare et par mois.

Les colons partiaires trouveraient également des propriétaires disposés à s'entendre avec eux.

Les terres de la Guyane diffèrent par leur nature, mais, toutes, elles sont fertiles et se prêtent à la culture des diverses denrées des pays intertropicaux. La culture vivrière, particulièrement, y est très productive. L'élève de la volaille est aussi d'un bon rapport. Une poule se vend de 4 à 5 francs, un coq de 6 à 7 francs.

Les personnes qui ont un petit avoir et possèdent du bétail, se trouveraient dans d'excellentes conditions pour prospérer dans la colonie de la Guyane française, qui accorde une prime de 40 francs par tête de bétail, destiné à la reproduction, et l'exonération des droits d'entrée.

Cette somme est payable à l'arrivée du bétail et après constatation de ses qualités et de son état.

Le litre de lait se vend de 1 franc 40 à 1 franc 80.

NATURALISATION.

L'étranger qui, après l'âge de 21 ans accomplis, a, conformément à l'article 13 du Code civil, obtenu l'autorisation d'établir son domicile sur territoire français, et y a résidé pendant trois années, peut être admis à jouir de tous les droits de citoyen français.

Les trois années courront à partir du jour ou la demande d'autorisation aura été enregistrée au Ministère de la justice.

Il est statué sur la demande en naturalisation, après enquête sur la moralité de l'étranger, par un décret du Président de la République, rendu sur le rapport du Ministre de la justice, le Conseil d'Etat entendu.

Le délai de trois ans fixé ci-dessus pourra être réduit à une seule année en faveur des étrangers qui auront rendu à la France des services importants, qui auront introduit sur le territoire français, soit une industrie, soit des inventions utiles, qui y auront apporté des talents distingués, qui y auront formé de grands établissements ou créé de grandes exploitations agricoles.